店員さんの

どんどん売れる！

接客

Customer Service
Phrases of the Clerk

フレーズ

（英語・中国語・韓国語）

加藤 勤・閔 世榮・金 明煕 著

お店に海外のお客様が来て、困った！！

そんな経験はありませんか？

何言ってるんだろ

海外のお客様に人気で
お土産にぴったり！
って言いたかった…

この本は、毎日、店頭でがんばっている、あなたのお役に立てるように作った本です。

接客に必要なことばを、英語・中国語・
韓国語にしました。

外国語を勉強したことがない人でも使
えるように、発音はすべてカタカナで
書いています。

サイズも、持ち運びしやすいように小
さめにしました。

スムーズに接客できれば、売り上げも
アップ！

これからますます海外からのお客様は
増えてきます。

ぜひ、このチャンスをつかんでくださ
い！

Chapter 1 呼 び か け

Chapter 2 あ い さ つ

Chapter 3 仲良くなる

Chapter 4 お困りごとを聞く

Chapter 7 お会計と送り出し

英語の発音について

まず最初にお伝えしたいのは、
大きな声で笑顔で話せば、だいたい大丈夫
ということです。

学校で英語を習ったときには、「主語が he のと
きは動詞の最後に s をつけなくてはいけない」
とか、「the（ザ）は the apple のときはジと読
まなければいけない」とか、言われたと思います。
でも、日本に旅行に来ているネイティブは、そん
なことはあまり気にしていません。
私たちが接客で使う英語は、文法的に合っている
か気にするよりも「通じる」かどうかが大事だと
思います。

ですから、この本では、動詞は覚えやすいように
なじみのある、原形（いちばん基本的なかたち）
の発音で書いていますし、名詞の前の the とか
a とかは省いています。
慣れるまでは気にせず、しゃべってしまいましょ
う！

中国語の発音について

「通じる」中国語を話すのにいちばん大事なことは「イントネーション」です。日本語で話すときの３倍ぐらい、大げさに上げ下げしてみましょう。この本ではオレンジのボヤっとした線で、イントネーションを表現しています。オレンジ色の字は、強く言うところです。そんなことを意識しながら、音声を聞いて真似してみるのが、「通じる」中国語を話すいちばんの近道です。

カタカナで「リ」や「ジ」と書いてあっても、実際には、中国語にはいくつか種類があります。音声を聞いていただくと、違いがわかるかもしれません。中国人の中にも、この違いがうまく発音できない人がいます。中国は広いので、方言やなまりが日本よりも強く、発音が苦手な人もいます。

そしてやっぱり、身振り手振りをつけて、笑顔で話すことが、発音よりもずっと大切です。
中国の人は、中国語で話しかけるととても喜んでくれます。ぜひしゃべってみてください！

韓国語の発音について

ふりがなはなるべく発音しやすくて韓国語の発音に近いようにつけましたが、いくつか日本語にはない表記があります。

「ル」

「ル」の発音は、英語の「L」の発音と同じです。たとえば拍子で説明すると、日本語の「イル」は「イ」と「ル」の２拍子 🐾 🐾 で発音しますが、「(일)イル」は「il」の１拍子 🐾 で発音します。

「ム」

「ム」を発音するときは唇を閉じます。たとえば、「(지금)チグム」は「チ」と「グム」の２拍子 🐾 🐾 です。「グム」を発音するとき「ム」は唇を開けずに閉じたままにします。

「プ」

「プ」を発音するときは唇を閉じます。たとえば、「(십)シプ」は１拍子 🐾 で、「プ」は唇を開けずに閉じたままにします。

「ㄱ」

「ㄱ」は「k」の発音です。たとえば、「(색) セㄱ」は1拍子 で、「sek」の発音です。

文頭の「ッ」

「イ」と「イッ」をそれぞれ発音してみると「イッ」の場合は喉が詰まりますよね。文頭の「ッ」は、喉が詰まっているその状態で音を出さずに次の文字を読みます。たとえば、「(써 보세요.) ッソボセヨ」の「ッソ」は1拍子 で、「ッ」の音を出さずに喉が詰まっている状態で「ソ」を発音します。文中にある「ッ」は普通に発音します。

◇　◇　◇

単語を別々に読むときと単語をつなげて読むときは発音が変わります。この本ではつなげて読むときの発音を優先しました。

たとえば、「반값」と「이에요」をそれぞれ読むと「バンカㇷ゚」と「イエヨ」ですが、「반값」と「이에요」をつなげて読むと「バンカㇷ゚シエヨ」に変わります。

반값「バンカㇷ゚」＋ 이에요「イエヨ」
→반값이에요「バンカㇷ゚シエヨ」

音声データについて

本書の本文の   の文の音声は、

ダウンロードして聞くことができます。
本で内容を確認しながら、音声で発音を確認し、
なるべく同じような音になるように、実際に声
に出して言ってみましょう。

聞いて、実際に声に出すことが大切です。

本書では4通りのデータをご用意しています。
　① 日本語＋英語＋中国語＋韓国語
　② 日本語＋英語
　③ 日本語＋中国語
　④ 日本語＋韓国語

まとめて覚えるほうがよく頭に残ると思います
が、「とにかくお店に中国の方がよく来る！」と
か「K-POPが好きだから韓国語から覚えたい」
など、あなたの気持ちと事情に合わせて自由に
お使いください。

（日本語：森麻衣さん、英語：アナンダ・ジェイコブスさん、

　中国語：フ・イリンさん、韓国語：ウニョンさん）

① 【ASUKALA】アプリを端末にダウンロード

お持ちのスマホやタブレットなどの端末で下記にアクセスして、ぜひ明日香出版社音声再生アプリ【ASUKALA】をインストールしてください。

ダウンロードした音声がいつでもすぐに再生でき、音声の速度を変えられるなど学習しやすいのでおすすめです。

（無料です。個人情報の入力は必要ありません）

② 音声データをダウンロード

ASUKALA アプリから、『どんどん売れる！店員さんの接客フレーズ』音声データ（mp3 形式）をダウンロードしてお使いください。

【パスワード：230803】

※ファイルサイズの大きな音声ファイルをインストールするためWi-Fi の利用を前提としています。

※ダウンロードの不具合が生じた際は、キャリア・機器メーカーにお問い合わせください。

※本書の音声は図書館ご利用の方にもダウンロードしていただけます。その場合、必ず本と一緒にご利用ください。

※本書の音声ダウンロードサービスは予告なく終了することがございます。

※本書の音源は ASUKALA アプリでの使用を前提にしております
が、パソコンや携帯端末の音楽アプリで聞くこともできます。下記
のホームページにアクセスしてダウンロードしたデータを解凍して
お使いください。

https://www.asuka-g.co.jp/dl/isbn978-4-7569-2308-0/index.html

その際、音声の再生には mp3 ファイルを再生できるアプリが必要
です。技術的なご質問は、端末メーカーもしくはアプリメーカーに
お願いします。

※ CD で音声を聞きたいお客様には、送料込み 1000 円でお分けし
ています（郵便切手で代金をご用意ください）。ホームページより
お問い合わせください。　　https://www.asuka-g.co.jp/contact/

Chapter 1

呼びかけ

ちょっと
すみません！

英 Excuse me!

エクスキューズミー！

追加 Just a moment!（ちょっと待って！）

ジャス　アモーメンッ

中 请问！

チンウェン

等一下！（ちょっと待って！）

ダン　イーシア

応用してみよう

小姐姐！（お姉さん！）

シャオジエジエ

（きれいな）おねえさん、というニュアンスの呼称。
使いすぎに注意！

16

韓 잠시만요.

チャ厶 シマンニョ

> 小さい「厶」は唇を閉じます

追加 잠깐만요.（ちょっと待って！）

チャ厶 カンマンニョ

〔セットで覚える〕

	英語	中国語	韓国語
男性客に	Sir	先生	손님
	サー	シエンション	ソンニ厶
女性客に	Ma'am	女士	손님
	マーム	ヌーシー	ソンニ厶

韓国語손님（ソンニ厶）は男女関係なく「お客さん」という意味です

17

これ、知ってますか？

Do you know this?

ドゥーユー ノーディス？

相手に質問するときは、文の最後に向かって少しずつ上げていきます

您知道这个吗?

ニンチーダオ　チェーガマ

中国語で質問するときは、日本語で「～ですか？」と聞くのと同じように、文の最後を少し上げます

이 제품 아세요?

イジェプ厶　アセヨ

小さい「厶」は唇を閉じます。
韓国語で質問するときも、日本語で「～ですか？」と聞くのと同じように、文の最後を少し上げます

【 入れ替え表現 】

	英語	中国語	韓国語
これ	this	这个	이
	ディス	チェーガ	イ
それ	that one	那个	그
	ザァッワン	ナーガ	グ
あれ	that one	那个	저
	ザァッワン	ナーガ	チョ

19

待ち合わせ
ですか？

 英 Are you waiting for someone?

アーユー ウェイティンフォ
サムワン

waiting（ウェイティン）で「待っている」の意味

中 您在等人吗?

ニンザイ　ダンレンマ

在（ザイ）が「〜している」、**等**（ダン）が「待つ」で、「人を待っていますか？」の意味です。
通常「あなた」は**你**（ニー）ですが、失礼のないように呼びたいときは**您**（ニン）を使います

韓 누구 기다리세요 ?

ヌグ　ギダリセヨ

「누구（ヌグ）」は「誰」の意味です

03

セットで覚える

	英語	中国語	韓国語
私	I	我	저
	アイ	ウオ	チョ
彼	he	他	그
	ヒー	ター	ク
彼女	she	她	그녀
	シー	ター	クニョ
あなた たち	you	您们	
	ユー	ニンメン	

韓国語での会話では、あまり直接あなた、彼などを使いません。「あなたたちは」より「お客さんたちは」という言い方で「손님은 (ソンニムン)」と言います

ただいまセール
やってます

英 We are having a sale!

ウィーアー ハビング

ア セール

中 现在价格优惠！

シエンザイ ジアーガ

ヨウホェ

> **价格**（ジアーガ）は「価格」の簡体字。**优惠**（ヨ
> ウホェ）は優惠の簡体字で、「セール」や「優待」
> の意味です

韓 지금 세일 중이에요.

チグ_ム セイ_ルジュンイエヨ

> 小さい「ム」は唇を閉じます。
> 「イル」は「il」の発音です

22

セットで覚える

	英語	中国語	韓国語
ポイント2倍！	two times the points	2倍积分	포인트 두 배
	ツータイム ザポインツ	リャンベイ ジーフェン	ポイント ドゥベ
増量サービス	extra	加量不加价	증량 서비스
	エクストラ	ジアーリャン ブージアージ アー	ズンリャン サビス

追加　지금 증량 서비스 행사 중이에요.

（ただいま　増量サービスしています）

チグム　ズンリャンサビス

ヘンサジュンイエヨ

23

今なら半額です！

英 Half-price sale now!

ハーフプライスセール ナーウ

中 现在半价!

シエンザイ バンジアー

ジアーの語尾をしっかり下げます。
半价「バンジアー」は半価の簡体字（中国本土
で使われている漢字）です

韓 지금만 반값이에요 .

チグンマン バンカップ シエヨ

小さい「プ」は唇を閉じます。
지금만（チグンマン）で「今だけ」、
반값（バンカップ）で「半額」、
이에요（イエヨ）は「です」の意味です。
日本語と同じ並びですね。
フリガナは 11 ページを参考に

セットで覚える

	英語	中国語	韓国語	
1	ワン one	イー	イ_ル	일
2	ツー two	リャン (アル)	イ	이
3	スリー three	サン	サ_ム	삼
4	フォー four	スー	サ	사
5	ファーイブ five	ウー	オ	오
6	シックス six	リゥ	ユ_ク	육
7	セブン seven	チー	チ_ル	칠
8	エイツ eight	パー	パ_ル	팔
9	ナイン nine	チゥ	ク	구
10	テン ten	シー	シ_プ	십

全品
３０％引きです！

All sales are 30% off!

オールセイルス　アー

サーティーパーセント　オフ

都是七折！

ドウシーチージャー

ドウとチーにアクセント。都（ドウ）は「すべて」、
七折（チージャー）は「七掛け」の意味です

전부 30 퍼센트 할인하고 있어요 .

チョンブ　サㇺ シㇷ゚ パセント

ハリナゴイッソヨ

小さい「ㇺ」と「ㇷ゚」は唇を閉じます。
全部（チョンブ）は「全部」。日本語の発音と似
ていますね

セットで覚える

	英語	中国語	韓国語
11	eleven	十一	십일
	イレブン	シーイー	シビル
21	twenty one	二十一	이십일
	ツウェンティワン	アルシーイー	イシビル
100	hundred	一百	백
	ハンドレッ	イーパイ	ペク
1000	one thousand	一千	천
	ワンサウザン	イーチェン	チョン
10,000	ten thousand	一万	만
	テンサウザン	イーワン	マン

無料のティッシュ です

英 These are free tissues.

ディーズアー

フリーティシュー

中 免费的餐巾纸.

ミエンフェイ ダ

ツァンジンジー

「無料」は**免费**（ミエンフェイ）。フェイの語尾をしっかり下げる

韓 무료 티슈예요.

ムリョティッシュイェヨ

무료（ムリョ）は無料。日本語と似ていますね

入れ替え表現

	英語	中国語	韓国語
サンプル	sample	小样	샘플
	サンプル	**シァオ ヤン**	**セ**ム**プ**ル
ウェットティッシュ	wet wipes	湿纸巾	물티슈
	ウェッワイプ	**シージージン**	**ム**ル**ティシュ**
ボールペン	ballpoint pen	圆珠笔	볼펜
	ボーポインペン	**ユェンジュウビー**	**ボ**ル**ペン**
うちわ	fan	扇子	부채
	ファン	**シャンズー**	**プチェ**
シール	sticker	贴纸	스티커
	スティッカー	**ティエジー**	**スティカ**

Chapter 2

あいさつ

こんにちは

Hello!

ハロー

中 您好！

ニンハオ

ニンの語尾を上げる

韓 안녕하세요！

アンニョンハセヨ

08

セットで覚える

	英語	中国語	韓国語
おはようございます	Good morning!	早上好！	좋은 아침이에요！
	グッモーニンッ	ザオシャンハオ	チョウンアチミエヨ
こんばんは	Good evening!	晩上好！	안녕하세요！
	グッイーブニンッ	ワンシャンハオ	アンニョンハセヨ

안녕하세요！ 韓国では朝、昼、夜関係なくいつも「アンニョンハセヨ！」を使います。
ただ、朝のあいさつは좋은 아침이에요！(チョウン アチミエヨ)「良い朝です」をオススメします

いらっしゃいませ

英 Welcome!

ウェルカム

中 欢迎光临！

フアンイングアンリン

フアンとグアンにアクセントを

韓 어서 오세요.

オソ　オセヨ

セットで覚える

「お手伝いしましょうか?」

May I help you?

メーアイヘルプユー?

需要帮忙吗?

シュイヤオ　パンマンマ

도와 드릴까요?

ドワドゥリ_ルカヨ

도와 (ドワ) が「助けて」、
드릴까요? (ドゥリルカヨ) で「〜して差し上げ
ましょうか」の意味です

雨の中(でもお越しくださり) ありがとう ございます

英 Thank you for coming despite the rain.

サンキューフォー カミング

デスパイッザレイン

入れ替え表現

despite the heat（暑いのに）
デスパイッザヒート

despite the snow（雪なのに）
デスパイッザスノー

中 谢谢您冒雨光临.

シエシエ ニンマオユィ

グァンリン

応用してみよう

大冷天的 谢谢您的光临.（寒い中〜）
ダーロンティェンダ シエシエ
ニンダグァンリン

韓 궂은 날씨에도 와 주셔서 감사합니다.

クジュン　ナ_ルッシエド

ワジュショソ　ガ_ムサハ_ムニダ

小さい「ム」は唇を閉じます。
小さい「ル」は英語の「L」の発音です

入れ替え表現

비 오는 (雨の中)

ビオヌン

눈 오는 (雪の中)

ヌノヌン

더운 (暑い中)

ドウン

추운 (寒い中)

チュウン

どうぞ中へ
入ってください！

英 Please come in!

プリーズカムイン

Please come here.（こっち、こっち）

プリーズカムヒア

中 请进！

チンジン

这边 这边.（こっち、こっち）

チェービエン　チェービエン

韓 안으로 들어 오세요！

アヌロ　ドゥロオセヨ

이쪽으로 오세요.（こっち、こっち）

イッチョグロ　オセヨ

セットで覚える

	英語	中国語	韓国語
座って	Sit down here	请坐	앉으세요
	シッダウンヒア	チンヅオ	アンズセヨ
進んで	go ahead	请直走	앞으로 가세요
	ゴアヘッ	チンジーゾウ	アプロガセヨ
受け取って	take this	请您拿好	받으세요
	テイクディス	チンニンナーハオ	バドゥセヨ

こちらは
涼しいですよ！

英 It is cool here!

イツィズ　クーゥヒーア

中 这边很凉快！

チェービェン ヘンリャンクァイ

リャンクァイは上げる下げるの発音

韓 이쪽은 시원해요！

イッチョグン　シウォネヨ

이쪽은（イッチョグン）で「こちらは」の意味です

入れ替え表現

	英語	中国語	韓国語
静か	calm	安静	조용해요
	カーム	アンジン	チョヨンヘヨ
暖かい	warm	暖和	따뜻해요
	ウォーム	ヌァンホー	ッタットゥテヨ
日陰だ	in the shade	没有太阳	그늘이에요
	インザ シェイド	メイヨウ タイヤン	グヌリエヨ

今ならすぐに入れますよ！

 英

You can go in now!

ユーキャン　ゴーインナゥ

追加 It is not busy.（空いてますよ）

イツィズ　ノッビズィ

中

现在马上可以入座！

シエンザイ　マーシャン

カーイー　ルーツォ

シャンの語尾をしっかり下げます。ルーはそり舌の発音

追加 有空位！

ヨウコンウェイ

「空席があります」という意味。コンとウェイは語尾を下げます

韓 안에 자리 있어요.

アネ　ジャリイッソヨ

안에（アネ）が「中に」
자리（ジャリ）が「席」
있어요（イッソヨ）で「あります」の意味です

セットで覚える

「待つ必要ありません！」

No need to wait!

ノーニードツーウェイトゥ

不用等！

ブーヨンドン

안 기다려도 돼요.

アンギダリョドデヨ

こちらに撮影スポットがありますよ！

 英 This is a photo spot!

ディスィズア フォトスポット

photo spot で「撮影スポット」の意味

中 这里是拍照点！

チェーリーシー

パイジャオディエン

这里是（チェーリーシー）で「ここに〜がありますよ」の意味です

韓 이쪽에 사진 찍기에 좋은 장소가 있어요！

イッチョゲ　サジンチッキエ

ヂョウンジャンソガ　イッソヨ

사진（サジン）は「写真」、좋은 장소（ヂョウンジャンソ）は「良い場所」の意味です。

44

여기에 ○○ 있어요 . (ヨギヘ ○○ イッソヨ)
で「こちらに○○ありますよ」と言えます

> セットで覚える

「写真をお撮りしましょうか?」

Shall I take a photo?

シャルアイテイカ フォト

我给您拍 .

ウォゲイニンパイ

사진 찍어 드릴까요 ?

サジン チゴドゥリ゙ルカヨ

随所に工夫が凝らされている日本の店舗は、海外からのお客様の「自撮り」「映え」スポットになりえます。混雑回避の誘導や、自然な店外誘導にも使えるフレーズです

見るだけでも
いいのでどうぞ！

You can just look around!

ユーキャンジャスッ

ルックアラーウン

进来看一看吧！

ジンライ カンイーカンバ

看（カン）は見るという意味ですが、看看（カンカン）や看一看（カンイーカン）のように重ねて使うと「ちょっと見てください」という意味になります

보시기만 해도 돼요.

ボシギマンヘドデヨ

해도 돼요（ヘドデヨ）は「してもいいです」の意味です

応用してみよう

「試食だけでいいですよ」

Just a taste is fine.

ジャスタッ テイスト ィズファイン

尝一尝吧.

チャンイーチャン バ

한번 시식해 보세요.

ハンボン　シシケボセヨ

追加 맛있어요. 드셔 보세요.

（美味しいです。召し上がってみてください）

マシッソヨ。 ドゥショボセヨ

あたたかい飲み物 ありますよ

英
Hot drinks here!

ホッドリンクヒーア

中 有热饮！

ヨウラーイン

ラーはそり舌の発音で、語尾を下げます

韓 따뜻한 음료수 있어요 !

ッタトゥタン　ウₘリョス
イッソヨ

小さい「ム」は唇を閉じます。

「시원한 음료수 있어요 .
（シウォナン　ウₘリョス　イッソヨ）」で
「冷たい飲み物ありますよ」の意味です

【入れ替え表現】

	英語	中国語	韓国語
甘い	sweet	甜	단
	スイートゥ	ティエン	ダン
辛い	spicy	辣	매운
	スパイシー	ラー	メウン
すっぱい	sour	酸	새콤한
	サワー	スァン	セコマン

Chapter 3

仲良くなる

今日は暑い（寒い）ですね

英 It is hot today (cold).

イツィズホッ ツデイ

中 今天很热（冷）.

ジンティエンヘンラー （ラン）

韓 오늘은 덥네요 (춥네요).

オヌルン ド△ネヨ

（ チュ△ネヨ ）

小さい「△」は唇を閉じます。
「오늘은 (オヌルン)」は「今日は」を意味します

セットで覚える

	英語	中国語	韓国語
きのう	yesterday	昨天	어제
	イエスタデイ	ズオティェン	オゼ
明日	tomorrow	明天	내일
	ツモロウ	ミンティェン	ネイ_ル
明後日	day after tomorrow	后天	모레
	ディアフターツモロウ	ホウティェン	モレ

「過去のこと」「未来のこと」を話すとき、英語と韓国語は述語の形が変わるので注意

どちらから
来られました？

英 Where are you from?

ウエア　アーユーフロム

> where（ウエア）で「どこ？」という意味です。
> 英語で where「どこ」や what（ワット＝何？）」
> を知りたいときは、文の最初に where や what を
> 入れて強く言います。
> 文の最後を下げることも多いですが、店頭でなら
> ば、音源のように下げずに疑問の気持ちを伝える
> と「質問されているんだな」と通じやすいでしょう。

中 您是从哪里来的?

ニンシー　ツォンナーリー

ライダ

> 「どこ？」を哪里（ナーリー）と言ったり**什么地方**
> （シェンマチーファン）と言ったりします。
> 「何？」は什么（シェンマ）、「誰？」は谁（シェイ）
> です（70ページ参照）

54

韓 어디에서 오셨어요?

オディエソ　オショッソヨ

어디 (オディ) は「どちら、どこ」、어디에서 (オ
ディエソ) は「どちらから」の意味。

언제 (オンゼ) は「いつ」
　언제 오셨어요? (いつ　来られましたか?)
　　オンゼ　オショッソヨ?

누구 (ヌグ) は「誰」
　누구하고 오셨어요? (誰と来られましたか?)
　　ヌグハゴ　オショッソヨ?

뭐 ((ムォ) は「何」
　뭐 찾으세요? (何かお探しですか?)
　　ムォ　チャズセヨ?

追加 서울에서 오셨어요?

（ソウルから来られましたか？）

ソウルエソ　オショッソヨ

○○人ですか！ いいですね！！

英 You are American! Nice!

ユーアー アメリカン！
ナーイス！

イギリス人	British	（ブリティッシュ）
オーストラリア人	Australian	（オーストラリアン）
カナダ人	Canadian	（カナディアン）
ドイツ人	German	（ジャーマン）
フランス人	French	（フレンチ）

中 您是中国人！ 好的！

ニンシーチョングォレン ハオダ

香港から来た人	香港人	（シャンガンレン）
台湾から来た人	台湾人	（タイワンレン）
北京から来た人	北京人	（ベイジンレン）
上海から来た人	上海人	（シャンハイレン）

※台湾や香港を「国」と呼ぶことは中国では NG
ですが、○○人という言い方は、町に対しても
使うので、Ok です

私も
パンダ

韓 한국인이세요! 반가워요!

ハングギニセヨ

バンガウォヨ

追加

Speaking of America, big steak is famous.

(アメリカといえば大きなステーキが有名ですよね)

スピーキン*ゥ*オブアメリカ　ビッグ

ステイク*ィ*ズ　フェイマス

中国的话 熊猫很有名.

(中国はパンダが有名ですよね)

チョングオダファー

ションマオヘンヨウミン

한국 화장품이 인기예요.

(韓国の化粧品が人気ですよ)

ハング*ゥ*　ファジャンプミ

インキイェヨ

57

日本には
何日ぐらい
いるんですか？

英 How many days will you stay in Japan?

ハウメニーデイズ

ウィルユーステイ インジャパン

中 您在日本待几天？

ニンザイ リーベン

ダイジーティエン

韓 일본에 며칠 동안 계세요？

イ_ル ボネ　ミョチ_ル トンアン

ゲセヨ

「イル」は「il」の発音。

20

セットで覚える

	英語	中国語	韓国語
分	minute	分	분
	ミニッツ	フェン	ブン
時	hour	小时	시
	アワー	シャオシー	シ
週	week	周・星期	주
	ウイーク	ジョウ・シンチー	チュ
月	month	月	월
	マンス	ユエ	ウォル
年	year	年	년
	イヤー	ニェン	ニョン

※韓国語で言いかえするには数字の数え方と言い方がだいぶ変わります

浅草にはもう
行かれました？

英 Did you go to Asakusa?

ディッジューゴーツーアサクサ

厳密には Have you been to Asakusa yet?
(ハブユービーンツーアサクサ　イェット？)
が正しい形です

中 您去了浅草吗？

ニンチュイラチェンツァオマ

応用してみよう

中国語では、東京（トウキョウ　→トンジン）の
ように、日本の地名でも漢字を「中国語読み」
で発音することが多くあります。
ぜひ覚えてみてください。

新宿（シンスー）　**渋谷**（＝渋谷、サーグー）
秋叶原（＝秋葉原、チョーイェーユエン）
札幌（ジャーフアン）
横滨（＝横浜、ホンビン）
京都（ジンドゥー）
大阪（＝大阪、ダーバン）
福冈（＝福岡、フーガン）

21

韓 아사쿠사에 가 보셨어요?

アサクサエ ガボショッソヨ

- 아 / 어 봤어요 . で「〜したことがある」の
意味です。

<例>
가 봤어요 . (行ったことがあります。)
カバッソヨ

먹어 봤어요 . (食べたことがあります。)
モゴバッソヨ

韓国では「東京」を「도쿄（トキョ）」または「동
경（ドンキョン）」と呼びます。基本的には日
本語の地名そのもので呼んでいます

さすが、お目が高い

You have great taste.

ユーハブ　グレィトテイスツ

好眼光！

ハオイェングアン

您的眼光真好！

ニンダ イェングアン　チェンハオ

您真会品！

ニンチェンホェピン

정말 안목이 있으시네요.

チョンマ ル 　アンモギ

イッスシネヨ

セットで覚える

「味の違いがおわかりですね」

You can taste well.

ユーキャン<ruby>テイ</ruby>スツウェオ

您是个美食家!

ニンシーガー　メイシー<ruby>ジ</ruby>ア

맛의 차이를 잘 아시네요.

マセチャイル_ル　チャラシネヨ

小さい「ル」は英語の「L」の発音。

かっこいいですね
（美人ですね）

英 You look good!

ユールック グッド

中 很帅！

ヘン シュアイ

男の人に
向かって

追加 很羨慕！（とてもうらやましい）

ヘンシェンムゥ

「うらやましいわぁ」と、ぜひ笑顔で言ってください

很好看！

ヘンハオカン

很漂亮！

ヘンピャオリャン

女の人に
向かって

韓 멋있어요. (예뻐요)

モシッソヨ（イェッポヨ）

セットで覚える

	英語	中国語	韓国語
おしゃれ	cool	很酷	멋쟁이시네요
	クーゥ	ヘンクー	モッチェンイ シネヨ
スタイルがいい	nice-looking	很苗条	날씬하시네요
	ナイス ルッキン	ヘン ミャオチャオ	ナㇽシン ハシネヨ
セレブっぽい	elegant	很高级	연예인같아요
	エレガンツ	ヘン ガオ ジー	ヨネインガタ ヨ

연예인같아요는 「芸能人っぽい」というほめ言葉です

65

ネイルがとても
きれいですね

英 Your nails are beautiful.

ユアネイル アー

ビューティフォー

中 您的指甲很漂亮.

ニンダジージーアー

ヘン ピャオ リャン

ジージーアーは指の爪の意味。三声三声でジーは語
尾が上がる発音になります。ピャオリャンはきれい
の意味で、女性や風景に対しても使えます

韓 네일이 정말 예쁘네요.

ネイリ チョンマ_ル イェップネヨ

小さい「ル」は英語の「L」の発音。

入れ替え表現

	英語	中国語	韓国語
髪型	hair style	发型	헤어스타일
	ヘァスタィル	ファーシン	ヘアスタイ ル
ピアス	piercings・earrings	耳环	귀걸이
	ピアシング イヤリング	アルファン	キゴリ
バッグ	bag	包包	가방
	ベァッグ	バオバオ	カバン

Chapter 4

お困りごとを聞く

何かお探し
ですか？

Are you looking for something?

アーユー

ルッキンフォー サムシン？

您在找什么?

ニンツァイ　ジャオ　シェンマ

什么（シェンマ）は「何」？なので
正確には「何をお探しですか？」と尋ねています

韓
뭐 찾으세요?

モ　チャズセヨ

小さい「ム」は唇を閉じる。

70

25

セットで覚える

	英語	中国語	韓国語
別のサイズ	another size	別的尺码	다른 사이즈
	アナザーサイズ	ビエダチーマー	ダルンサイズ
似たもの	similar one	相似的	비슷한 상품
	シミラーワン	シャンスーダ	ビスタンサンプ△
男性用	for men	男款	남성용
	フォーメン	ナンクァン	ナ△ソンニョン
女性用	for women	女款	여성용
	フォーウーマン	ニュークァン	ヨソンニョン

ご希望の色は
ありますか?

英 Do you have a specific color in mind?

ドゥユハヴァ スペシフィク

カラー インマインド?

中 您想要什么颜色?

ニンシャンヤオ

シェンマ イェンサー

韓 원하시는 색 있으세요?

ウォナシヌン セク イッスセヨ

「ご希望のサイズはありますか?」

Do you have a specific size in mind?

您想要什么尺寸 大小?

원하시는 사이즈 있으세요?
ウォナシヌン　サイズ　イッスセヨ

26

セットで覚える

	英語	中国語	韓国語
白	white	白色	흰색
	ホワイト	パイスー	ヒィンセク
赤	red	红色	빨간색
	レッド	ホンスー	パルガンセク
青	blue	蓝色	파란색
	ブルー	ランスー	パランセク
黄	yellow	黄色	노란색
	イエロゥ	ファンスー	ノランセク
黒	black	黑色	검은색
	ブラック	ヘイスー	コムンセク

苦手なものは
ありますか？

英 Do you have any preferences ?

ドゥユーハブ

エニ プリファレンス？

Do you have any food allergies ?

（食物アレルギーはありますか?）

ドゥユーハブ

エニ フードアレジーズ

中 您有什么忌口?

ニンヨウ シェンマ ジーコウ

您有什么不吃的？

ニンヨウ シェンマ プーチーダ

韓 못 드시는 음식이 있으세요?

モッドゥシヌン　ウ厶シギ

イッスセヨ

못（モッ）〜〜で「〜〜できない」、
드시는（ドゥシヌン）で「食べる」
음식이（ウムシギ）で「食べ物」
있으세요？（イッスセヨ）で「ありますか」
の意味です

알레르기 있으세요?

（アレルギーはありますか？）

アレルギ　イッスセヨ

どれくらい、
ご入り用ですか？

How many do you need?

ハウメニー　ドゥユーニード

What is your budget?（ご予算は？）

フワット　イズ　ユア　バジェッ

how many（いくつ？）what（何？）を英語で聞く
ときは文の最後を上げません

您要几个？

ニンヤオ　ジーガ

您的预算是多少？（ご予算は？）

ニンダユィスァン　シードゥオシャオ

几个（ジーガ）、多少（ドゥオシャオ）どちらも、
「いくらか」「いくら」の意味です

韓 어느 정도 필요하세요 ?

オヌジョンド ピリョハセヨ

어느 정도 (オヌジョンド) で「どのくらい」
の意味です

예산은 어느 정도 생각하세요 ?

（ご予算は?）

イェサンヌン　オヌジョンド

センガカセヨ

Chapter 5

オススメする

こちらが
一番人気の品です

英 This is the most popular one.

ディスイズ モーストポ ピュラー
ワン

This is very hot now.（すごく流行ってます）

ディスイズ　ベリーホットナウ

中 这是最受欢迎的.

チェーシー　ツイショウ
ファンインダ

「最（ツイ）」にアクセントを置くと「一番」というニュアンスが強調されます

这是最火的.（これが一番流行っています）

チェーシー　ツイフオダ

「火（フオ）」は流行っているという意味で最近よく使われています

这个很火.（すごく流行ってます）

チェーガヘンフオ

이게 가장 인기있는 상품이에요.

イゲ　ガジャン　インキイン

ヌン　サンプミエヨ

요즘에 이게 잘 나가요.

（最近これが売れています）

ヨジュメ　イゲ　チャ_ルラガヨ

小さい「_ル」は英語の「L」の発音です

Chapter5

オススメする

みんな、
これを買いますよ

Everyone buys this one.

エッブリワン バイ ディスワン

正確に発音するならば「バイズ」です。慣れたら
そう言ってみましょう

You might like this one.

（あなたもきっと好きなはず！）

ユーマイトライクディスワン

中 大家都买这个.

ダージアドゥ マイチェーガ

最後のがは軽く発音します。
「みんな〜〜してますよ」という言いちは大家（ダー
ジア＝みんな）都（ドゥ＝〜も）でよく使います。

所有人都买这个.（だれもがコレ買ってます）

スオヨウレンドゥ マイチェーガ

韓 모두 이거 많이 사세요.

モドゥ イゴ マニサセヨ

「모두 (モドゥ)」は「みんな」、
「이거 (イゴ)」は「これ」、
「많이 (マニ)」は「たくさん」の意味です

아마 마음에 드실 거예요.

（きっとお気に入ると思います。）

アマ マウメ ドゥシ_ルコイェヨ

Chapter5

オススメする

焼きたての
パンです

This is fresh-baked bread.

ディスィズ フレッシュベイクド

ブレッド

「パン」ではなく「ブレッド」です

刚烤好的面包.

ガンカオハオダ ミェンバオ

カオとバオにアクセントを置いて発音する

방금 구운 빵이에요.

バング厶 グウン パンイエヨ

小さい「厶」は唇を閉じる

入れ換え表現

	英語	中国語	韓国語
できたての おまんじゅう	fresh steamed Manju	剛做好的包子	방금 만든 만주
	フレッシュ スチームッ マンジュー	ガンツオハオ ダバオズ	バング_ム マンドゥン マンジュ
揚げたての カレーパン	fresh-fried curry bread	剛炸好的咖哩 面包	방금 만든 카레 빵
	フレッシュ フライド カリー ブレッド	ガンジャー ハオダ ガーリー ミェンバオ	バング_ム マンドゥン カレパン
今日届いた商品	just delivered today	今天剛到的商 品	오늘 들어온 상 품
	ジャスト	ジンティエン ガンダオダ シャンピン	オヌ_ル ドゥロオン サンプ_ム

安心の日本製です

英 This is made in Japan. It is reliable.

ディスィズ メイドインジャパン

イトィズ リライアボー

中 可靠的日本产.

カーカオダ リーベンチャン

カオにアクセント。リーはそり舌で発音

韓 안심하고 살 수 있는 일본제품이에요.

アンシマゴ サルスインヌン

イルボンジェプミエヨ

「ル」は英語の「L」の発音です

セットで覚える

	英語	中国語	韓国語
日本産	made in Japan	日本制造	일본제품
	メイドイン ジャパン	リーベン ジーザオ	イ_ル ボンジェ プ_ム
純毛	genuine wool	纯羊毛	순모
	ジェニューン ウール	チュン ヤンマオ	スンモ
綿 100%	all-cotton	纯棉	면 100%
	オール コットン	チュン ミェン	ミョン ベッパセント

お値段納得の
高性能！

英 Reasonable price and high-spec.

リーズナボープ**ラ**ィス　アンド

ハイスペック

中 一分钱一分货.

イーフェンチェン

イーフェンフオ

お金の分だけ値打ちがあるという決まり文句です。
リズムよく言ってみましょう！

韓 가성비가 좋아요.

カソンビガ　ヂョアヨ

「こんなに美味しいのに、こんなに安い！」

So good but so reasonable.

ソーグッド バット ソーリーズナボー

好吃又划算.

ハオチー ヨウフアースァン

划算（フアースァン）は値段が手ごろでリーズナブ
ルという意味です

정말 싸고 맛있어요!

チョンマ_ル ッサゴ マシッソヨ

「_ル」は英語の「L」の発音。

ここのお店 限定商品です

英 Available only at this store.

アベィラボー　オンリーアット

ディスストア

中 本店独家商品.

ベンディエン　ドゥージア

シャンピン

ジアシャンにアクセント

韓 저희 가게에서만 팔아요.

チョイガゲエソマン　パラヨ

セットで覚える

「100個限定商品です」

It is only 100 pieces made.

イトィズ オンリー

ハンドレッド ピースィズ メイド

限定一百个.

シエンディン イーバイガ

100개 한정수량 상품이에요.

ペッゲ ハンジョンスリャン

サンプミエヨ

私のイチオシです

英 My top recommendation.

マイ トップ レコメンデーション

Can I recommend this one?

キャナイ レコメンド ディスワン

中 我最推荐的.

ウォーツイ トェジエンダ

トェにアクセント

韓 이거 가장 추천해요.

イゴ　ガジャン　チュチョネヨ

この私が
自信をもって

セットで覚える

「あの＜レディーガガ＞が、これを飲んでいるんです！」

Lady GAGA also drinks it.

レディーガガ　オルソー

ドリンク　イット

Lady GAGA 也喝这个.

Lady GAGA イエハーチェーガ

레이디가가도 이거 마셔요.

レイディガガド　イゴ　マショヨ

オススメする

SNS で
人気なんですよ

英 It is popular on Social media.

イトィズポピュラー　オン

ソーシャルディア

中 抖音上也很火.

ドウイン シャン イェヘンフオ

抖音（ドゥイン = Tiktok）は中国版 Youtube 呼
ばれるアプリで、機能も豊富で中国で最も使わ
れています

韓 SNS 에서 인기예요.

エスエネスエソ

インキイェヨ

セットで覚える

「人気 Youtuber に紹介されました！」

Famous influencers introduced it.

フェイマス　インフルエンサー

イントロデュースイット

网红介绍.

ワンホン　ジエシャオ

인기 유튜버도 이거 소개했어요.

インキュチュバド　イゴ

ソゲヘッソヨ

オススメする

一口食べて
みてください

英 Just try a bite.

ジャスット トライア バイト

中 试试看.

シーシーカン

カンを強めに発音する。「試してみてください」とい
う意味でよく使うフレーズです

韓 한번 드셔 보세요.

ハンボン ドゥショボセヨ

37

試食

言い換え表現

**「日本に来たのに、食べないなんて
もったいない！」**

You should try this.

ユーシュッ　トラィディス

来到日本 不吃这个 很可惜.

ライダオリーベン　ブーチー
チェーガ　ヘンカーシー

일본에 오시면 드셔 봐야 돼요.

イルボネ　オシミョン
ドゥショバヤデヨ

「イル」は英語の「L」の発音

もう 1000 万本 売れてます

英 It has already sold 10 million bottles.

イトハズ　オルレディ　ソル_ド

テンミリオン　ボトゥ

中 已经卖了一千万个！

イージンマイラ　イーチエン

ワンガ

韓 벌써 천만 개나 팔렸어요.

ボ_ルソ　チョンマンゲナ

パ_ルリョッソヨ

セットで覚える

	英語	中国語	韓国語
万	ten thousand	万	만
	テンサウザン	ワン	マン
億	hundred million	亿	억
	ハンドレッド ミリオン	イー	オ_ク
兆	trillion	兆	조
	トリリオン	ヂャオ	チョ

※ million=100 万、billion=10 億です。

これを食べる（飲む）と健康によいです

英 This is good for your health.

ディスィズ　グッドフォー

ユア　ヘルス

中 益于健康．

イーユージエンカン

言い換え表現

吃这个对身体好．

チーチェーガ ドェシェンティーハオ

韓 이거 드시면 몸에 좋아요．

イゴ　ドゥシミョン

モメ　ヂョアヨ

苦いけど元気になる!

セットで覚える

「毎日使うと美容によいです」

Good for your skin if used daily.

グッドフォー　ユアスキン

イフユーズ　デイリー

每天都用的话 对皮肤很好.

メイティエン　ドゥヨンダファ　ドェ

ビーフーヘンハオ

ティエンドゥとビーフーにアクセント。**皮肤**は皮膚の簡体字です

매일 사용하면 피부가 좋아져요.

メイ_ル　サヨンハミョン　ピブガ

ヂョアジョヨ

オススメする

さわって
みませんか？

英 Would you like to touch it?

**ウッヂューライクツー
タッチイッ**

would you like to 〜?（ウッヂューライクツー）
で「もしよかったら〜しませんか？」という意味で
す

中 您摸摸看.

ニンモーモーカン

摸（モー）でさわるという意味ですが、**摸摸**（モー
モー）と重ねて使うことで「ちょっとさわる」という
意味になります

40

韓 만져 보세요.

マンヂョボセヨ

- 아 / 어 보세요（〜＜ョ＞ボセヨ）で
【 試し】〜してみてくださいの意味です。

드셔 보세요. （召し上がってみてください。）
トゥショボセヨ

써 보세요. （使ってみてください。）
ッソボセヨ

입어 보세요. （試着してみてください。）
イボボセヨ

써 보세요.（＜帽子を＞かぶってみてください。）
ッソボセヨ

신어 보세요. （履いてみてください。）
シノボセヨ

オススメする

とても軽いですよ

英 It is very light.

イトィズ　ベーリーライッ

中 很轻.

ヘンチン

チンにアクセント

韓 아주 가벼워요.

アジュ　カビョウォヨ

「아주 (アジュ)」は「とても」の意味です。

セットで覚える

「防水加工で雨の日でも安心！」

It is waterproof. You can use it on a rainy day.

イトィズ ウォータープルーフ。

ユーキャンユーズイット オンレイニー

デイズ

防水设计，雨天也可以安心使用．

ファンシュエ シェージー ユーティエン

イエカーイー アンシンシーヨン

방수라서 비 오는 날에도 사용할 수 있어요．

バンスラソ ビオヌンナレド

サヨンハ_ルスイッソヨ

こちらのバッグは
機能性抜群です

英 This bag is very useful.

ディスバッグイズ

ベリーユースフゥ

中 这款包是多功能的.

チェークァンバオシー

ドゥオゴンナンダ

バオとドゥオゴンとサンジョンにアクセント。三种は
三種の簡体字

韓 이 가방은 기능이 많아요.

イガバンウン ギヌンイ マナヨ

背負っても
手提げでも

42

セットで覚える

「3ウェイです」

It is a 3 way bag.

イトィズ スリーウェイ バッグ

有三种使用方法.

ヨウ サン ジョン シーヨン ファン
ファー

세 가지 타입으로 사용할 수 있어요.

セガジ　タイプロ　サヨンハ_ル
スイッソヨ

たたんだら
小さくなります

英 If you fold this, it gets smaller.

イフユー　フォールドディス、

イッゲッツ　スモーラー

中 折叠起来会变小.

チェーティエチーライ

ホェビエンシャオ

チェーとホェビエンにアクセント

韓 접으면 작아져요.

チョブミョン　ジャガジョヨ

セットで覚える

「日傘用でも使えます」

This can also be used as a parasol.

ディス キャンオーソービー
ユーズド　アッズァパラソゥ

还可以当遮阳伞使用.

ハイ　カーイーダン　チェーヤン
サン　シーヨン

양산으로도 쓸 수 있어요.

ヤンサヌロド　ッスₗスイッソヨ

Chapter5

オススメする

109

Chapter 6

クロージング

在庫はもうここに あるだけです

英 That is all we have.

ザットィズ オールウィーハブ

中 只有这些了.

ジーヨウチェーシエラ

只有（ジーヨウ）は、三声＋三声で、ジーが上がり気味の発音になります

言い換え表現

只有现货！（在庫あるだけ！）

ジーヨウ　シエンフオ

韓 여기 있는 게 다예요.

ヨギインヌンゲ　ダィェヨ

期間限定コラボ

セットで覚える

「残りわずかです」

Only a few left!

オンリー ア フューレフッ

这个很火，现货不多了．

（これは大人気商品で在庫がわずかです）

チェーガヘンフオ

シエンフオ ブードゥオラ

얼마 안 남았어요．

オルマ アンナマッソヨ

今なら特別に
2割引します

Now 20 percent off !

ナウ　ツウェンティパーセント

オフ

5% discount!（5%オフ）

ファイブ　パーセント

ディスカウントゥ

現在打八折！

シエンザイ　ダーバーチェ

中国語では2割引きのような表現はせず、「8掛け」
のような表現になります

九五折！（5%オフ）

ジョウウーチェ

🇰🇷 지금만 특별히 20 퍼센트 할인해 드려요 .

チグ△マン トゥッピョリ イシㇷ゚

パセント　ハリネドゥリョヨ

> 小さい「ム」は唇を閉じる。
> 小さい「プ」は唇を閉じる

追加

할인해 드려요 . (割引して差し上げます)

ハリネドゥリョヨ

싸게 드려요 . (お安くします)

ッサゲドゥリョヨ

クロージング

115

5個お買い上げなら 1つサービス！

英 If you buy 5, you get 1 for free.

イフユーバイ ファイブ、

ユーゲット ワン　フォーフリー

言い換え表現

6 for 5（5個分のお値段で6個買える！）

シックス　フォー　ファイブ

中 买五个，送一个．

マイウーガ　ソンイーガ

买五 送一．

マイウー　ソンイー

韓 다섯 개 사시면 무료로 하나 더 드려요．

ダソッケ　サシミョン

ムリョロ　ハナド　ドゥリョヨ

セットで覚える

「1個買ったら1個おまけ（＝2個で半額）」

Buy one Get one free.

バイワン　ゲット　ワンフリー

买一 送一.

マイイー　ソンイー

한 개 사시면 하나 더 드려요.

ハンゲ　サシミョン　ハナド

ドゥリョヨ

1+1 행사, 2+1 행사
1+1 ヘンサ, 2+1 ヘンサ
（1個買うともう1個無料、2個買うと1個無料）

韓国では商品コーナーに良く書いてあります

Chapter6

クロージング

117

1週間以内なら
交換できます

英 You can exchange it within a week.

ユーキャンエクスチェンジイッ
ウィズインアウィーク

中 一周以内 可以更换.

イージョウイーネイ
カーイーガンフアン

韓 1 주일 이내에 교환이 가능해요.

イ_ル チュイリネエ　ギョワニ
ガヌンエヨ

セットで覚える

「買って、絶対後悔させません！」

If you buy it, you will never regret.

イフユーバイイッ_ト ユーウィル_ネ
バーリグレット

买了这个 绝对不会后悔.

マイラ_{ジェ}ガー　ジュエトェ
ブーフェホウホェ

사시면 절대 후회 안 하세요.

サシミョン　チョ_ルテ
フフェアナセヨ

クロージング

119

高くありませんよ
(←ちょっと高いですよ、と言われて)

英 It's not expensive.

イッツノッ エキスペンシブ

中 这个不贵.(哦)

ジェガー ブーグェ

没有这回事.(そんなことありません)

メイヨウ チェーホェシー

韓 안 비싸요.

アンビッサヨ

안(アン)は「～ではない」の意味で
強く発音すると固く断る気持ちが伝わります

セットで覚える

「ほかのお店も同じ値段です」

Other stores sell it at the same price.

アザーストア　セルイッ

アット　セイムプライス

其他家也是一个价.

チータージアー　イエシー

イーガジアー

다른 가게도 가격은 같아요.

ダルンガゲド　ガギョグン

ガタヨ

割引はできません
（←半額にして、と言われて）

英 No discounts!

ノー　ディスカウント

No, we can't.（無理です）

ノー　ウィーキャーント

中 不能打折.

ブーナン　ダーチェー

不能降价.

ブーナン　ジャンジャー

不可以.（無理です）

ブーカーイー

不行.（しません）

ブーシン

韓 할인은 안 돼요.

ハリヌン　アンデヨ

안 돼요. (できません)

アンデヨ

무리예요. (無理です)

ムリイェヨ

안 (アン) は「〜ではない」の意味で
強く発音すると固く断る気持ちが伝わります。

돼요 (デヨ) は「できます」の意味で、
안 돼요 (アンデヨ) は「できません」の意味
です

1 割引きで
いかがですか？

（←半額にして、と言われて）

英 How about a 10% discount?

ハウアバウト　テンパーセント

ディスカウント

中 打 9 折可以吗?

ダージウジャー　カーイーマ

打 9 折行不行?

ダージウジャー　シンブーシン

韓 10% 싸게 드릴게요 . 어떠세요 ?

シプパセント　ッサゲ

ドゥリルケヨ。オットセヨ

어떠세요 ?（オットセヨ）で「いかがですか？」

50

セットで覚える

「50円引きにしますよ」

I'll give you 50 yen off.

アイルギブユー フィフティイェンオフ

便宜50日元.

ピエンイー ウーシー リーユェン

50엔 싸게 드릴게요.

オシプエン ッサゲドゥリルケヨ

いくらだったら
いいですか？

英 How much would you buy this for?

ハウマッチ　ウッヂュー　バイ

ディス　フォー

中 多少钱您可以呢?

ドゥオシャオチエン

ニンカーイーナ

韓 얼마면 사시겠어요?

オ_ルマミョン　サシゲッソヨ

얼마（オルマ）は「いくら」で、
얼마면（オルマミョン）だと「いくらなら」の意味
です。

사시겠어요？（サシゲッソヨ）で「買われますか？」
（「買いますか？」の敬語）の意味です

126

セットで覚える

「10個だったら買いますか？」

If there were 10 pieces, would you buy them?

イフゼアワー　テンピース、

ウッヂューバイゼム

10个的话您就买吗？

シーガーダファー

ニンジョウ　マイマ

10개면 사시겠어요？

ヨ_ルケミョン　サシゲッソヨ

これで最後、1000円でいかがです？

（←やり取りの上）

 英 The final offer! How about ¥1000?

ザ ファイナルオファー ハウア
バゥト ワンサウザンドイェン

中 这些一共 1000 日元怎么样?

チェーシエイーゴン イーチェン
リーユェン ツェンマヤン？

마지막으로 1000 엔은 어떠세요？

マジマグロ チョンエヌン

オットセヨ

セットで覚える

「これ以上安くできません」

I can't sell it any cheaper.

アイ キャーント　セルイット

エニチーパー

不可以再便宜了.

ブーカーイー　ツァイピエンイーラ

더 이상 싸게는 안 돼요.

ドイサン　ッサゲヌン　アンデヨ

안 (アン) は「〜ではない」の意味で
強く発音すると固く断る気持ちが伝わります

こちらも
人気があります

英 This one is also popular.

ディスワン　イズ　オゥソー

ポピュラー

also（オゥソー）が「〜も」の意味です

中 这个也很火.

チェーガイエ　ヘンフオ

也（イエ）が「〜も」の意味です

韓 이것도 인기가 있어요.

イゴット　インキガ　イッソヨ

セットで覚える

「ご一緒にこちらもオススメです」

This one is also recommended.

ディスワン　イズ　オゥソー
リコメンディッド

这个也推荐.

チェーガイエ　トイジエン

이것도 같이 하시면 좋아요.

イゴット ガチハシミョン ヂョアヨ

ぜひご家族には こちらを

英 This is for your family.

ディスィズフォーユア ファミリー

中 给您家人买这个.

ゲイニン ジャーレン
マイ チェーガ

韓 가족한테는 이게 좋아요.

カジョッ ハンテヌン イゲ
ヂョアヨ

Family　　　Yours

入れ替え表現

	英語	中国語	韓国語
父	father	爸爸	아버지
	ファーザー	バーバ	アボジ
母	mother	妈妈	어머니
	マザー	マーマ	オモニ
兄	brother	哥哥	오빠 / 형
	ブラザー	グーグ	オッパ / ヒョン
姉	sister	姐姐	언니 / 누나
	シスター	ジェージェ	オンニ / ヌナ

＊兄を、女性は오빠（オッパ）、男性は형（ヒョン）と呼ぶ
＊姉を、女性は언니（オンニ）、男性は누나（ヌナ）と呼ぶ

ご自分用に、
1ランク上の品を
お持ちになっては

英 Why don't you buy a higher grade one for yourself?

ワイドンチューバイァ　ハイヤー

グレイドワン　フォーユアセゥフ

中 给您自己买个更好的.

ゲイニン　ズージー　マイガ

ガンハオダ

韓 손님이 쓰실 거면 조금 더 좋은 게 어떠세요?

ソンニミ　ッスシ_ルコミョン

チョク_ムド　ヂョウンゲ

オットセヨ

ご自分用　　　お土産用

言い換え表現

「ご自宅用と、お土産用にいかがですか」

This is for you and for souvenir.

ディスイズフォーユー

アン₀フォー　スーベニーア

自己用 还是送人.

ズージーヨン ハイシー ソンレン

집에서 쓰셔도 좋고 선물하기에도 좋아요.

チベソ　ッスショド　ヂョコ

ソンムラギエド　ヂョアヨ

Chapter 7

お会計と送り出し

お会計は
あちらです

英 The cashier is over there.

キャッシャー イズ オーバーゼア

中 在那里结账.

ザイナーリー ジェジャン

在那里（ザイナーリー）で「あそこに」。
「ここに」と言いたいときは在这里（ザイチェーリー）

韓 계산대는 저쪽이에요.

ケサンデヌン

チョッチョギエヨ

追加 선불이에요.(先払いです)

ソンブリエヨ

후불이에요.(後払いです)

フブリエヨ

セットで覚える

	英語	中国語	韓国語
券売機	ticket vending machine	售票机	발매기
	チケット ベンディング マシーン	ショウピアオ ジー	バ_ルメギ
先払い	pay in advance	先付	선불
	ペイイン アドバンス	シェンフー	ソンブ_ル
後払い	pay later	后付	후불
	ペイ レイター	ホウフー	フブ_ル

全部で
7000円です

The total is ¥7000.

トータルィズ セブンサウザン

イェン

一共是 七千日元.

イーゴンシー チーチェン

リーユェン

다 해서 7000 엔이에요.

ダーヘソ チ_ルチョン エニエヨ

「ダー」は長く伸ばすと韓国語ぽっく聞こえます

セットで覚える

「ここで両替はできません」

We don't exchange cash here.

ウィードントエクスチェンジ

キャッシュヒア

不能换零钱.

ブーナン　ファンリンチェン

여기에서 환전은 안 돼요.

ヨギエソ　ファンジョヌン

アンデヨ

クレジットカード
は使えません

We don't accept credit cards.

ウィードントゥ アクセプトゥ

クレディッカード

不能使用信用卡.

ブーナン シーヨン

シンヨンカー

카드는 사용할 수 없어요.

カドヌン サヨンハルス

オプソヨ

セットで覚える

「現金のみです」

Cash Only.

キャッシュ　オンリー

只收现金.

ジーショウ　シェンジン

현금만 돼요.

ヒョング△マンデヨ

143

もちろんスマホ
決済できますよ

英 You can pay with your smartphone.

ユーキャンペイ　ウィズユア

スマートフォン

追加 You can use Apple Pay or Google Pay.

（アップルペイもグーグルペイも使えます）

ユーキャンユーズ　アップルペイ

オア　グーグルペイ

中 可以用手机支付.

カーイーヨン ショウジージーフー

追加 支付宝微信都可以.

（アリペイもウィーチャットペイも使えます）

ジーフーバオ ウェイシン ドウカーイー

アリペイは中国語ではジーフーバオと言います

韓 스마트폰으로 결제하실 수 있어요.

スマトフォヌロ

ギョ_ル チェハシ_ル スイッソヨ

◆韓国でよく使われているスマホ決済サービス

카카오페이도 사용하실 수 있어요.
カカオペイド　サヨンハシルスイッソヨ

네이버페이 (Naver Pay)　ネイバペイ

삼성페이 (Samsung Pay)　サムソンペイ

애플페이 (Apple Pay)　エプルペイ

페이코 (Payco)　ペイコ

リボンを
かけましょうか？

Would you like a ribbon?

ウッヂューーライクァ　リボン

需要系蝴蝶结吗？

シューヤオ

シーフーティエジエマ

リボンは**蝴蝶结**（フーティエジエ）。フーティエジエ
はすべて上がり気味に発音します。**蝴蝶**はちょう
ちょのことです

送人吗？（人に贈るものですか？）

ソンレンマ

리본을 달까요？

リボヌ_ル　ダ_ルカヨ

言い換え表現

「ラッピングしましょうか？」

Do you need wrapping?

ドゥーユーニード　ラッピン

需要包起来吗？

シューヤオ　バオチーライマ

> バオにアクセント

포장해 드릴까요？

ポジャンエ ドゥリ_ルカヨ

ありがとう
ございました

英 Thank you.

サンキュー

中 谢谢.

シエシエ

韓 감사합니다.

カ厶サハ厶ニダ

小さい「厶」は唇を閉じる

セットで覚える

「また来てくださいね」

See you again.

シーユー　アゲイン

欢迎再来.

ファンインザイライ

또 오세요.

ット　オセヨ

또（ット）は、ドレミの「ソ」の音のイメージで短く発音します

いってらっしゃい

英 Have a nice day.

ハブ ア　ナイスデイ

中 慢走.

マンゾウ

韓 잘 다녀오세요.

チャ゚ル ダニョオセヨ

小さい「゚ル」は英語の「L」の発音。

セットで覚える

「よい旅を」

Have a nice trip.

ハブア　ナイストリップ

旅途愉快．

リュートゥーユークァイ

즐거운 여행되세요．

チュ_ルゴウン　ヨヘンデセヨ

あなたのお店で使う言葉を書いておこう！

日本語	英語

中国語	韓国語

おわりに

新型コロナウイルスの感染症法の分類が5類に引き下げられて、感染の影響がひと段落してから、海外からの観光客が一気に増えてきたように思います。

2023年の訪日外国人の数は、2000万人を超える勢いです。それでも、政府は2030年までに訪日外国人観光客を6000万人に増やす目標をかかげていますので、そのとおりにいけば、日本を訪れる外国人は、今の3倍くらいに増えることになります。

日本は風光明媚で豊かな自然に恵まれ、歴史的な建造物も多く残っており、海外の観光客にとって、魅力的な場所です。それに加えて円安が進んで、日本はリーズナブルに買い物やグルメを楽しめるにもなっています。

SNSが一般的になったおかげで、比較的マイナーなお店にも海外からの観光客が大勢訪れるようになりました。筆者の地元近くの奥多摩でも、有名な観光地が何もないような駅で降りていく海外か

らの観光客をよく見かけます。日本人が知らないようなスポットでも、海外の一部のファンにはよく知られるようになりました。

飲食店やおみやげ物店、アパレルなど、お店をやっている人にとって、いわゆるインバウンドの需要をつかむ、絶好のチャンスが到来したと言えるでしょう。

この本は、英語が苦手な人や、韓国語や中国語を勉強したことがない人にも、手軽に手に取っていただけるように作った本です。難しい発音記号は使わずにカタカナで発音を表したり、なるべく簡単で日本人が発音しやすい表現を選びました。

片言でも、こちらから話しかけることで、とても喜んでくれたり、一気にフレンドリーになったりする方も大勢いらっしゃるので、きっとご商売に役立つことと思います。

私は中国語の本を主に執筆しておりますが、もしこの本をきっかけにもっとしっかり中国語を勉強したくなった方は、こちらで勉強されることをお勧めします。

『中国語が1週間でいとも簡単に話せるようになる本』明日香出版社

Eラーニング講座「スマホ中国留学」
https://katou-china.com/lp/1/

加藤　勤

著者
加藤　勤 （かとう・つとむ）

1971 年、東京都に生まれる。2004 年に書店チェーン、ブックスタマの社長に就任。以後、創業 100 年を超える企業グループで様々な事業を経営。

社長に就任して 1 年ほどした頃、中国にて絵本専門店を展開する社長の講演を聞き、その第 1 号店のオープンに立ち会えたことが転機となり、中国ビジネスの将来性に開眼。2010 年に北京に駐在事務所を設立したことによって、中国ビジネスの可能性を確信。独学で中国語を身につけ、「中国語を学ぶことによって、多くの人に中国をより身近に触れてもらえたら。」との思いで中国語学習本の執筆、中国語教室の開催等を行う。

主な著書に『中国語が 1 週間でいとも簡単に話せるようになる本』『日常中国語会話フレーズ Best 表現 1100』（いずれも明日香出版社）等。

閔世榮 （ミン・セーヨン）

ソウル出身。
ソウル大学、ソウル大学院卒業。数学教育学博士。
崇實大学、仁川教育大学（現　京仁教育大学）元講師。

金明熙 （キム・ミョンヒ）

ソウル出身。
釜山大学大学院卒業、外国語としての韓国語教育専攻、韓国語教育学修士。
元　　駐日韓国文化院世宗学堂 韓国語講師。
　　　釜山大学校言語教育院 韓国語講師。
現在　国際基督教大学、上智大学、亜細亜大学 非常勤講師。

どんどん売れる！店員さんの接客
フレーズ（英語・中国語・韓国語）

2024 年 1 月 22 日初版発行

著者	加藤 勤／閔 世榮／金 明熙
発行	明日香出版社
	〒 112-0005 東京都文京区水道 2-11-5
	電話 03-5395-7650
	https://www.asuka-g.co.jp
デザイン	lilac　菊池 祐・今住真由美
本文イラスト	末吉喜美
校正	ウイップル道子　アダム・ウィップル
	孫悦
録音・編集	高速録音株式会社
印刷・製本	シナノ印刷株式会社

巻末特典

店頭で掲示しておくと、
「あなたが話さなくても」
海外からのお客様に営業販促、
そして注意もしてくれる
英語・中国語・韓国語の
POP をお付けしました。

切り取ってお使いください！

※明日香出版社ホームページからも
　データをダウンロードいただけます。

https://www.asuka-g.co.jp/dl/isbn978-4-7569-

2308-0/index.html

【パスワード：230803】

『限定商品です！』

限定商品
한정 상품
Exclusive Item

各国語
だけ版も
ダウンロード
できます

Exclusive Item
限定商品
한정 상품

Exclusive Item

한정 상품

限定商品

『日本製です！』

各国語
だけ版も
ダウンロード
できます

『お会計は現金のみです』

各国語だけ版もダウンロードできます

『触らないでください』

Please Don't Touch

不要触摸

만지지 마세요

各国語だけ版もダウンロードできます

Please Don't Touch
不要触摸
만지지 마세요

Please Don't Touch

만지지 마세요

不要触摸